LETTRE
AU ROI D'ESPAGNE,

I

Par J. GORANI, citoyen françois.

———————

Sire, (*)   1 Mars 1793.

Vous êtes plus heureux que votre frère de Naples ; votre épouse, quoique née et élevée en Italie, quoique sœur d'un dévot libertin et belle-sœur d'une Messaline, n'est cependant ni méchante ni débauchée ; car on ne peut lui reprocher qu'une galanterie d'usage dans sa patrie, où les dames les plus honnêtes ont un sigisbé, sans croire manquer à leur honneur ni au devoir conjugal ; et son âge même n'est point une objection à lui faire à cet égard, parce que, pour les dames italiennes, les cheveux gris et les rides ne sont point une raison suffisante pour renoncer à cette jouissance.

Votre père étoit difficile sur cet article, il s'est souvent montré plus jaloux de votre honneur que vous-même, en exilant les amans de votre épouse, aussitôt qu'ils causoient quelque scandale ; mais dès que vous fûtes sur le trône, Louise-Marie,

A

(*) il faut rétablir ce mot ou l'équivalent partout où l'imprimeur Bonneville l'a supprimé.

Thérèse de Parme fit sortir Godoi de son exil, puis, en bonne connoisseuse, elle lui préféra son cadet.

Peu importoit sans doute à *vos sujets* qu'un simple garde du-corps fût devenu votre rival, et que vous l'eussiez élevé, ainsi que son frère et toute sa famille, aux honneurs, aux dignités et aux emplois les plus lucratifs de la cour et de l'armée, si vous en étiez resté là ; jusques-là j'étois disposé à excuser les foiblesses de votre épouse, parce que, encore une fois, je trouvois sa conduite presque édifiante, en comparaison de celle des autres femmes de son rang; mais lorsque je l'ai vue exiger de vous d'élever au rang de premier ministre un homme qui l'avoit déshonorée, un jeune-homme sans talens, sans connoissances, sans esprit, sans énergie, et qui a donné des preuves, non-seulement de la grande incapacité, mais encore du plus profond mépris pour la Nation espagnole, jusqu'au point de prétendre que nous n'avions pu lui donner dans notre correspondance officielle avec vous, ce titre *de Nation sans insulter à votre souveraineté* : alors j'ai vu Thérèse devenir coupable de tous les malheurs qui doivent résulter du ministère d'un sujet aussi ignorant que méprisable, dirigé par le fripon Calonne, commis de Pitt, encore plus fripon que lui ; et les projets dont ces intrigans vous enivrent en ce moment, pourroient bien devenir une confirmation de ce sinistre augure.

Les Espagnols se souviendront bientôt de l'insurrection de 1766 contre Squillace, qui étoit un prodige dans la science ministérielle, en comparaison de ce Godoi, qui n'a absolument rien pour lui, pas même la figure ; souvenez-vous des pillages qui résultèrent de cette insurrection, et du sang qu'elle fit répandre ; souvenez-vous que sous Charles V, les Espagnols, excédés des rapines des ministres, moins ineptes que Godoi, se révoltèrent, et, dans les circonstances actuelles, ne prévoyez-vous pas les suites funestes que pourroit avoir pour vous une insurrection dans vos états, sur-tout lorsque vous nous y auriez appelés ?

J'ai visité, étant encore militaire, presque toutes vos provinces et vos rroupes : plein d'années et d'expérience, je connois bien votre personne, vos ministres, votre population, vos revenus, vos forces, votre situation, tous vos moyens, je puis vous donner de bons conseils : ainsi, avant de lancer vos troupes au-delà des Pyrénées, lisez cette lettre et celle que j'ai écrite à votre frère de Naples, pesez les réflexions qu'elle contient et celles que je vais vous présenter ; et, si l'on vous en laisse la liberté, consultez ces lettres avec un homme dont les lumières et la probité soient bien connues.

Je vous dis avec vérité, qu'en vous dé-
clarant contre nous, vous ne suivez que
les conseils de l'ignorance, de l'erreur,
de la corruption, de la perfidie; les conseils de vos ennemis des cours de Vienne
et de Londres sur-tout, l'une et l'autre
intéressées à vous perdre; encore une
fois, lisez ma lettre au roi de Naples,
elle est certainement très-intéressante pour
vous-même, et faites attention à ce que
je vais vous dire.

Comme le prétexte de venger la mort
de Louis XVI, est maintenant le grand
cheval de bataille de nos ennemis, sur
lequel ils vous monteront sans doute, je
crois devoir vous éclairer d'abord sur cet
article.

Ils vous trompent, ceux qui vous disent
que Louis XVI étoit bon et généreux,
rien n'est plus faux; ce despote étoit
fourbe, lâche et sanguinaire; il méprisoit,
il détestoit les hommes, il en avoit l'opinion la plus sinistre, il étoit égoïste à
l'excès, il ne s'occupoit que des intérêts du moment, il avoit des inclinations
basses, crapuleuses; il étoit aussi dissi-
mulé, fanatique, hypocrite et cruel que
Philipe II, l'un de vos prédécesseurs; il
a prouvé sa férocité dans sa vie privée
par une foule de traits; combien de fois,
à la chasse, a-t il poursuivi, à coups de
fouet, des paysans, des femmes et des
enfans qui accouroient pour voir leur *bon*

roi. Combien d'hommes il a tués parce qu'ils ne battoient pas le taillis à sa fantaisie, parce qu'ils avoient laissé échapper un cerf, parce qu'un homme est moins pour un *roi* qu'une bête fauve ! Combien de fois nous lui avons entendu dire qu'une bonne saignée de trois ou quatre cent mille brouillons étoit nécessaire pour lui rendre sa tranquillité ! Combien de fois il est arrivé jusqu'au moment d'exécuter ces horribles massacres ; enfin, vous connoissez celui qu'il a fait exécuter le dix août dernier, et vous devez savoir combien ce tyran étoit encouragé, secondé sans cesse dans ses affreux projets, par une femme de qui le nom ne passera à nos neveux que chargé d'horreur et d'opprobre. Sachez, que Louis XVI, après la révolution, pouvoit devenir, avec la plus grande facilité, le monarque le plus puissant, le plus riche, le plus chéri, le plus heureux. La nation lui avoit pardonné l'énormité de sa dette, ses propres desordres, les crimes de sa femme, ceux de sa famille, ses conjurations si multipliées et même sa fuite.

Une criminelle minorité de l'assemblée nationale, composée d'hommes avides, ambitieux, lâches, fourbes et traîtres, que Louis XVI avoit corrompus, et qui la plupart sont restés impunis, lui avoient donné un despotisme constitutionnel, et lui avoient tout à-la fois rendu l'idolâtrie des François: j'en ai vu les extravagantes explosions dans les fêtes par lesquelles ils ont célébré l'hypocrite acceptation de la constitution par ce tyran ; j'en rougis, j'en frémis encore.

Ah ! si Louis, au lieu de seconder les fureurs de son épouse, de Vienne, de Coblentz et des traîtres qui l'entouroient, n'avoient suivi que l'instinct du bon sens : si au lieu de combattre sans cesse l'opinion, la volonté générale de la nation par ses *veto* et par ses proclamations insidieuses, il étoit allé au-devant d'elle ; s'il avoit sanctionné les décrets désirés, s'il en avoit lui-même sollicité d'utiles, s'il s'étoit popularisé par des bienfaits, la contre-révolution étoit faite : Louis débarrassé de ses dettes, des contradictions, des tracasseries perpétuelles des parlemens, de la noblesse et du clergé, auroit pu acquérir, en deux ou trois années, un despotisme mille fois plus puissant que celui qu'il avoit perdu ; et les François étoient plus esclaves que jamais.

Louis a préféré le rôle d'un conspirateur caché, il s'est hâté de reprendre par la force, ce qu'il auroit obtenu par la douceur, sans risque et sans peine, avec le temps ; il s'est perdu, il a subi le sort qu'il méritoit, et la France est libre. Et vous, Charles, vous vous croiriez intéressé à lui rendre ses fers, à venger la mort de Louis ! vous oseriez l'entreprendre, vous n'avez donc aucune connoissance de vos véritables intérêts , de la misérable situation de vos affaires , eh bien , je vais vous les faire connoître ; votre revenu public est d'environ 35 millions de piastres ; mais rien ne s'exécute dans votre gouvernement que très-mal , lentement et avec les plus grands fraix ; il n'y a ni ordre, ni économie dans vos dépenses ; vos impôts tous arbitraires , sont mal assis , vexatoires et ruineux ; vos finances sont très-mal administrées ; vous êtes de tout les princes de l'Europe le plus pillé ; vous avez beaucoup de dettes ; vos prédécesseurs , par leurs prodigalités , vous et votre femme par vos profusions à vos favoris , n'avez pas cessé d'augmenter la misère de vos peuples et d'y insulter ; vous avez des goûts puérils fort dispendieux ; en 1790 , pendant qu'une grande partie de vos sujets manquoient d' pain , vous avez dépensé plus de 1500 mille liv. à votre stupide dévotion de la crêche , où vous n'avez pas honte de braver le mépris public en y recevant vos ministres , vos courtisans et même les ambassadeurs étrangers.

A l'âge de 44 ans , vous amuser à ses jeux d'enfans ! Quelle puérilité ! quelle autre puérilité cruelle de vous amuser à tuer de troupeaux de daims avec des canons chargés à mitraille ! Quel enfantillage , que cette ridicule flotille que vous avez fait construire dans l'arsenal d'Aranjuez , sur une pièce d'eau qu'il vous a plû de nommer la *mer d'Antigoa* , qui n'est guères que dix fois plus étendue que le grand bassin du château des Tuileries , et sur laquelle vous exécutez des manœuvres enfantines , souvent brutales et toujours fort dispendieuses, aux grands applaudissemens de vos courtisans , dont vous paroissez très-flatté. Tandis que vous jouez aussi le rôle d'un amiral marionette, vous avez dans vos ports des vaisseaux sans équipages , sans canons , sans agrêts , sans cordages , composant une marine si mal construite , si mal dirigée , qu'il est difficile de la mettre en œuvre.

De tous ces vices, de tous ces abus, de toutes ces sottises, il résulte que vos 35 millions de piastres, ne font que l'effet de 15 millions au plus ; il en résulte que vous êtes réduit à la plus grande détresse, et que vous ne pouvez subvenir à mille besoins urgens.

Votre banque Saint-Charles est en perte d'un quart, elle est au moment de faire banqueroute. Votre compagnie des Philippines succombe sous les effets de la haine qu'inspire son instituteur. La Pêche est abandonnée chez vous à une compagnie privilégiée, composée d'hommes renommés pour être les plus grands fripons de l'Espagne.

Parure *royale de solution*, appuyée de l'absurde opinion de vos iniques théologiens , les entrepreneurs du canal de Murcie ont été autorisés à faire une banqueroute partielle qui a ruiné une multitude de vos habitans et de familles étrangères , auxquelles on avoit présenté cet emprunt sous l'aspect d'une loterie avantageuse , et garantie par Charles III ; ce brigandage a achevé de vous faire perdre la confiance des Espagnols et des étrangers en matière d'emprunt , et de vous en ôter la ressource , que votre gouvernement a d'ailleurs mérité de perdre depuis long-temps par ses fréquentes infidélités dans ses engagemens , et par la raison encore qu'il n'a point d'hypothèque solide à donner aux prêteurs. Tel est l'état de vos finances , voici quel est celui de votre armée.

Vous avez trois compagnies de gardes-du-corps , une de hallebardiers , un régiment de gardes espagnoles , un de gardes-vallones , un de carabiniers , 3e régimens d'infanterie nationale , deux italiens , deux flamands , trois irlandois et 4 suisses , tous d'infanterie. 13 régimens de cavalerie et huit de dragons. Mais comme les régimens ne sont pas à moitié complets , vous avez au plus 50 mille hommes d'infanterie et 12 de cavalerie ; or , qu'est-ce que ce nombre pour garnir les places fortes de l'Espagne , et pour entretenir les garnisons nécessaires à la conservation des places sur les côtes d'Afrique ? et puis quels soldats !

Pendant long-temps on a vanté la sobriété, la patience, la subordination et la valeur des troupes espagnoles, c'est qu'alors elles étoient conduites par l'honneur, et stimulées par les récompenses, mais elles sont depuis long-temps au régime de la brutalité. Des ordonnances militaires ridicules et contradictoires ont fait disparoître toutes ces anciennes et bonnes qualités de vos armées, et l'on peut même dire que vous n'en avez point, car qu'est-ce qu'une armée où il n'y a ni zèle, ni tactique, ni discipline ?

Vos soldats font le service avec autant de négligence que les milices du Milanois, qui n'ont aucune disposition guerrière. Vos régimens ne sont composés que de la lie de votre nation, que de goujats et de malfaiteurs recrutés dans vos prisons. Vos officiers ne savent point leur métier, et n'aiment point le service : vous n'avez pas un ingénieur, un artilleur, un tacticien de réputation ; vos généraux ne sont que de pauvres dévots ; vous n'en avez pas un seul qui soit en état de commander, je ne dis pas une armée, mais seulement un corps.

Vos gardes Wallonnes, qui ont encore brillé dans vos dernières guerres d'Italie, sont dégradées, il existe même une cabale pour les supprimer ; si cette cabale réussit, elle vous fera perdre vos soldats, les meilleurs et les plus attachés à votre service, par la raison que, n'ayant point de patrie, ils ne voient de ressource qu'en vous; ils vous sont aussi utiles que le sont à l'empereur de Maroc ses soldats nègres, avec lesquels ils ont beaucoup d'affinité. C'est à ces gardes Wallonnes que Philippe V dut la couronne qu'il vous a transmise; c'est à ces mêmes troupes que votre père dut la vie en 1766, lorsqu'il se sauva, et si lâchement, à Aranjuez.

Vos régimens suisses, presque tous composés d'allemands, sont un peu mieux sous les armes que vos autres régimens, mais ils sont difficiles à compléter, parce que leur religion catholique ne vous laisse pour recrue que le rebut de l'Allemagne.

Telles sont vos forces militaires; que prétendez-vous faire avec cette poignée de soldats et d'officiers sans activité, sans émulation, sans talens, sans goût, sans connoissance de leur métier? Se battront-ils pour l'amour de Dieu, eh bien! nous tâcherons de leur apprendre à se battre pour la liberté.

Parlons maintenant de vos places fortes.

Nos troupes de ligne et nos gardes nationales trouveront peu d'obstacles à franchir vos montagnes mal défendues; elles s'empareront facilement de Junquiera, qui n'a qu'un mauvais retranchement,

A 6

que l'orgueil Espagnol a nommé *forteresse*;
puis du fort Figuera, qui est délabré.

Girone, place jadis assez forte, ne nous
arrêtera pas long tems, car elle n'a plus
que trois bastions trop isolés, et un cava-
lier qui a besoin d'être reconstruit. Ces
premiers pas faits, nos troupes entrerent
dans la Catalogne.

Barcelone n'est protégée que par la forteresse de Mont-Joui, qui est trop vaste
et trop hautement située, ses batteries ne
pourroient nuire à nos troupes, campées
dans la plaine, pour assiéger la ville;
ainsi, on pourroit prendre celle-ci sans
être obligé de prendre la forteresse.

Je sais que, prévenu de l'esprit révo-
lutionnaire des Catalans, vous leur avez
fait refuser des armes, mais nous leur en
porterons, et nos droits de l'homme feront fortune chez eux avec d'autant plus
de facilité, qu'en aucun pays il n'y eut
autant d'insurrections, toutes justement
motivées, et soutenues avec la plus grande
intrépidité. Les Catalans n'ont pas oublié
qu'ils furent souvent libres et qu'ils furent
désarmés par vos prédécesseurs, qui les
courbèrent sous le joug de la féodalité
d'une noblesse hautaine et aussi oppressive
que celle de Pologne et d'Allemagne.

Je sais que nos prêtres émigrés et les
vôtres font tous leurs efforts pour fanatiser les Catalans, mais pouvez-vous douter
qu'il nous sera mille fois plus facile de les

fanatiser pour la liberté ? Enfin, jugez de
ce que penseront et feront nos citoyens
et vos esclaves, lorsqu'ils vont être instruits de tous ces détails ; je ne vois que
vos mauvais chemins qui puissent ralentir
la rapidité de nos succès en Espagne.

Quoi, tandis que vous avez tant de peine
à résister aux barbaresques, qui vous font
la loi, et à conserver vos places sur leurs
côtes, vous auriez l'imprudence d'attaquer
les François ? Mais rappellez-vous donc
avec quelle honte votre père, qui avoit
plus de caractère et d'énergie que vous,
s'est tiré de ses expéditions de Gibraltar
et d'Alger.

J'ai dit, dans le second volume de mes
Recherches sur la science du gouvernement,
tout ce que vous devriez faire pour ré-
primer les pirateries des Barbaresques, et
je ne le répéterai point ici. C'est avec dou-
leur que je me vois obligé de conseiller
la guerre contre ces peuples, dont les an-
cêtres furent les bienfaiteurs de l'Espagne ; mais la mémoire des cruautés qu'ont
éprouvé leurs ayeux de la part du gouvernement espagnol, sur-tout sous le
règne abominable de Ferdinand et d'Isa-
belle, qui les chassèrent de leur patrie,
et la tyrannie sous laquelle ils gémissent
en Afrique, depuis cette fatale époque, les
ont rendus barbares. Ces deux causes ont
perpétué, jusqu'à présent, dans leur ame,
la soif de la vengeance et la haine contre

les tyrans de l'Espagne, qui continuent de la mériter par leur haine pour tous les peuples qui abhorrent la religion la plus absurde, la plus avide, la plus intolérante, la plus destructive des hommes et des richesses; la religion qui sanctifie les crimes les plus horribles, en un mot, la religion catholique.

Du tems des Maures, l'Espagne, divisée en plusieurs royaumes, dont les noms subsistent encore, étoit si florissante, que chacun de ces rois étoit plus puissant que vous ne l'êtes. Le christianisme y devenant la religion dominante de l'Espagne, lui fit perdre toute sa prospérité. Les monarques autrichiens l'asservirent et la dévastèrent; les Bourbons ont suivi leurs traces, et cet immense territoire, autrefois si cultivé, si peuplé, est devenu presque un désert, parce que vos prédécesseurs et vous, avez préféré des célibataires à des pères et mères de familles, le gibier et les nobles à des cultivateurs, et des inquisiteurs à des manufacturiers.

Sans doute les horribles conquêtes du Pérou et du Mexique ont aussi contribué à la dépopulation et à la stérilisation de l'Espagne, mais sous un gouvernement sage et bienfaisant, sous le règne de la liberté de conscience, de la presse, du commerce et de l'industrie, l'Espagne auroit réparé ses pertes.

Par quelle fatalité votre ministère n'a-t-il

jamais eu le bon sens ou la bonne-foi de
reconnoître que le gouvernement d'une
nation propriétaire d'un aussi vaste et aussi
fertile territoire que celui d'Espagne , doit
être essentiellement agricole , et qu'un
peuple agricole est toujours riche , parce
qu'avec l'excédent de la consommation
des productions sans cesse renaissantes de
son territoire , il peut sans cesse se pro-
curer , par échange , toutes les productions de la culture et de l'industrie des
autres peuples dont il a besoin ?

Quelques monarques espagnols , sans
songer à rien faire pour l'instruction de
leurs peuples , ont imaginé de fonder des
académies pour rétablir chez eux l'agriculture et l'industrie , les sciences et les arts ;
mais , d'une part , ils n'ont fait aucune
réforme des vues de leur gouvernement ,
ils n'ont mis aucune borne à leurs caprices ,
à leur dépense , votre père ni vous n'avez
jamais songé à supprimer les odieux pri-
viléges des *mestas* , ni à détruire vos troupeaux de bêtes fauves , et , d'autre part ,
toujours abusés par leur religion , les fon-
dateurs d'académies ont soumis les acadé-
miciens à l'influence de votre horrible
inquisition , et au serment stupide de
défendre de toutes leurs forces le *mystère*
de l'immaculée conception ; or , on se
doute bien qu'il n'a pu sortir de pareilles
sociétés des Cervantes , des Lopès de Vega ,
des Calderon , des Solis , des Quevedo ,

dès Velasques, des Rivera, ni des Murillo,
qui ne furent d'aucune académie , et qui
ne sont parvenus , avec leurs ouvrages,
à la célébrité, que parce qu'ils sont restés , pendant leur vie , inconnus de leurs
prêtres.

Charles , vous avez une des plus belles
monarchies de l'Europe, sans y comprendre
vos possessions des deux Indes , qui vous
échapperont nécessairement tôt ou tard ,
en se rendant libres et indépendantes ,
ainsi que le veut la raison et la justice.

L'Espagne seule devroit avoir au moins
les 30 millions d'habitans qu'elle avoit
sous la domination des Maures , et elle
n'en a que dix à onze millions , dont plus
de la moitié est réduite à la misère. Cette
population diminue sans cesse , par les
avantages que présente le célibat religieux
à des hommes paresseux et pauvres , par
les exactions et les vexations de la finance
et de la féodalité , par les substitutions
foncières , par toutes les rapines qui dé-
solent vos cultivateurs.

Ce superbe territoire devroit être cou-
vert des plus riches cultures , il est en
grande partie inculte. Ses habitans de-
vroient être riches , instruits , libres et
heureux , ils sont ignorans , superstitieux,
esclaves et misérables ; ils ont les vignobles
les plus exquis , ils ne savent ni les cultiver
ni faire le vin ; ils ont les laines les plus

belles et les soies les plus fines, ils ne
savent point les travailler, enfin, avec
toutes les sources de richesses, avec les
mines les plus opulentes et les plus abon-
dantes, la puissance espagnole est la plus
indigente de l'Europe.

Avouez que la religion *papiste* et la
royauté sont deux bien terribles fléaux,
et que les Peuples sont bien stupides de
prodiguer sans cesse, depuis tant de siè-
cles, leurs forces, leur sang, tous leurs
moyens pour perpétuer ces deux princi-
pales sources de tous leurs maux.

Avec une foule de préjugés, et d'abus
que nous n'avions point, avec un gouvernement plus détestable que ne l'étoit l'an-
cien régime de France, vous marchiez
d'un pas tranquille à votre anéantissement,
à la faveur de la paix, à la faveur de la
paresse d'entendement et d'action de vos
esclaves, difficiles à émouvoir, quelle imprudence de vouloir les réveiller au bruit
de leurs chaînes et de notre artillerie, en
les exposant à la famine et à la mort ! Com-
ment les recruterez-vous ? Avec cent mille
moines, nous dit-on ; eh bien ! envoyez-
nous cette vermine, nous en débarrasse-
rons vos peuples, et ce sera un pas de fait
pour eux vers la liberté.

Hâtez-vous de réparer les torts que vous
avez envers nous, en sévissant contre vos
coupables ministres, en réparant leurs
délits, en reconnoissant notre nouveau

gouvernement , et en accueillant nos ministres , sinon vous éprouverez bientôt notre vengeance ; c'est vous qui nous avez provoqués au combat , nous avons fait l'impossible pour l'éviter , et si vous en doutez , je vais vous en remettre les preuves sous les yeux.

Constamment attentif, depuis le mois de juillet 1789, à vos démarches et à celles de vos ministres, fidèlement instruit par mes correspondans en Espagne, par les voyageurs éclairés qui en venoient, et par les détails exacts que j'ai recueillis depuis six mois à Londres , en Hollande et en Allemagne.

Je sais que notre révolution vous a fait éprouver quelques accès de cette fièvre haineuse qui a déja causé tant de convulsions aux autres despotes de l'Europe, à leurs ministres, à leurs nobles et à leurs prêtres.

Je sais que la gravité ou l'indolence qui caractérise votre nation, la conscience de votre foiblesse et les inquiétudes que vous causoit l'Angleterre, et que nous fîmes cesser en 1790, par l'offre de 45 vaisseaux armés dans nos ports ; je sais, dis-je, que ces motifs vous ont fait temporiser , et qu'ils ont modéré le désir que vous aviez de céder aux sollicitations des puissances qui vous pressoient d'entrer dans la gigantesque convention de Pilnitz.

Je sais qu'on a exagéré de prétendus

préparatifs de guerre que vous demandoient nos ennemis, intéressés à répandre
et à accréditer ces bruits, pour nous déterminer à des hostilités qui vous auroient
contraint à la guerre, dont ils souffloient
le feu dans toutes les cours de l'Europe.

Je sais que Florida-Blanca, qui voyoit
par-tout des émissaires de la propagande,
ne put obtenir, par ses terreurs et ses ca-
bales, qu'un cordon de troupes vers les
Pyrénées, et le serment que vous avez
exigé des François résidans dans vos états,
d'obéir strictement à vos lois, de rester
attachés à la catholicité, de ne se permettre
aucun entretien, aucune lecture de nos
papiers patriotes et relatifs à notre révolution, et de renoncer à toute correspondance avec leur patrie.

Je sais que Lautrec, par ses importu-
nités, pour vous armer contre nous, ne put
vaincre votre répugnance pour cette mesure
impolitique, et qu'il n'obtint que quelques
secours en argent pour nos émigrés.

Je sais que, d'après le conseil de votre
épouse, et pour écarter de votre trône
tout soupçon de rupture contre nous,
vous avez rejetté le projet que vous pré-
sentoient Lautrec et Florida-Blanca, de
lever quelques bataillons François pour
votre service.

Je sais que vous avez toujours répondu
à ces ardens et perfides conseillers par
des *si*, des *mais*, qui, de tout tems, furent

les expressions caractéristiques de la perpétuelle indécision de votre cabinet, et de sa politique temporisante.

J'étois en Suisse en 1791 ; ce pays étoit infecté d'émigrés françois, ils montroient des lettres, par lesquelles Lautrec leur assuroit que vous aviez déja rassemblé de grandes forces contre nous, et que vous n'attendiez plus que l'irruption des Allemands en France, pour franchir les Pyrénées avec 60 mille hommes. Moi j'assurois, au contraire, qu'alors votre artillerie n'étoit point montée, que votre marine étoit en désordre, que vous aviez des routes à construire, vos régimens à recruter, vos places fortes à réparer, à ravitailler vos magasins à former, et que ces opérations, qui, par-tout ailleurs, exigent quelques mois, pourroient exiger chez vous quelques années, parce que tout s'y fait avec beaucoup de peine et de lenteur.

Cependant il est exactement vrai que, depuis le mois de juin 1791, époque de la fuite de Louis, vous n'avez pas cessé d'entretenir des intelligences avec nos ennemis, et de tenir auprès de nos chefs d'émigrés, votre ambassadeur Fernand-Nunnès.

Il est très-vrai que, sous prétexte de précautions pour préserver vos esclaves de l'amour contagieux des François pour la liberté, vous avez établi chez vous, contre nos compatriotes, une inquisition civile, calquée sur celle de votre religion ; vous avez persécuté , emprisonné , chassé et ruiné une multitude de nos familles, qui ne causoient chez vous aucun trouble , tandis que vous faisiez accueil à nos émigrés, *nobles* et *prêtres*. Je sais qu'en même-tems vous accordiez volontiers des passe-ports aux émigrés pour sortir de vos états, parce que vous méprisez les François de quelque parti qu'ils soient , sachant bien que les plus dévots n'aiment point le Saint-Office , qui a tant de pouvoir sur votre ame superstitieuse.

Il est très-vrai que , dans le tems même que nous vous rendions le service de pré-server vos riches colonies américaines de l'avidité du perfide cabinet de S. James, vous fomentiez et favorisiez de toutes vos forces les troubles de S. Domingue , en armant les nègres contre les blancs de cette colonie , et en livrant ces derniers au mas-sacre de leurs ennemis , à l'instant même qu'ils vous demandoient azile et protection.

Il est très-vrai que, tandis que les auto-rités constituées de nos provinces méri-dionales refusoient de protéger la déser-tion de vos troupes, et protégeoient votre commerce , vous accueilliez nos déser-teurs ; on violoit en votre nom les lois de la navigation et du commerce à Saint-Sébastien et à Saint Salvador, on inqui é-toit, on insultoit nos négocians , et lors-que nous nous plaignions de ces insultes à votre cour , elle répondoit avec autant de lâcheté que de fourberie, qu'elle vouloit conserver religieusement ses traités avec nous , et qu'elle étoit bien éloignée de vouloir s'armer contre la France , si la France ne l'attaquoit pas.

Il est très-vrai que nos succès contre Brunswick ont rallenti vos préparatifs contre nous , et que ces succès démentant ce que vous avoit promis Florida-Blanca : votre femme intéressée à le perdre , parce qu'il possédoit la correspondance de ses amours , profita de la circonstance pour l'éloigner et pour lui substituer d'Aranda.

Il est très-vrai que ce ministre , le plus grand et peut être le seul homme d'état qui soit en Espagne , le seul qui puisse la gouverner avec sagesse , irrita contre lui les puissances coalisées en leur annonçant la neutralité de votre cour dans nos affaires, qu'il motiva sur son éloignement qui la dispensoient de prendre part à cette grande querelle.

Il est très-vrai que Pitt et Calonne, secondés par les ambassadeurs et par nos émigrés , désespérant de corrompre d'Aranda , obtinrent la disgrace de ce ministre, que vous remplaçâtes par Godoi , amant de votre épouse , jeune homme d'une nullité absolue en matière de gouvernement , mais assez impudent , astucieux et fourbe pour exécuter servilement les volontés de Pitt , sous la direction de

Calonne , et qu'aussitot on vit de grands préparatifs se former contre nous dans vos ports et aux pieds de Pyrénées.

Enfin , ces armemens de terre et de mer , votre conduite indécente envers notre ambassadeur, et votre refus de reconnoître la République françoise, prouvent suffisamment qu'en vous assurant de la rapidité de nos succès , bien plus que de la fin tragique de Louis , qui vous seroit fort indifférente , si nous lui donnions un successeur ; nos ennemis sont venus à bout de vous déterminer à rompre avec nous , malgré tous les intérêts que vous avez à notre prospérité , à conserver la paix, et malgré tous les dangers auxquels vous vous exposez en nous appellant avec vous.

Renoncez à ce projet qui ne peut que précipiter votre perte , quand même vous remporteriez sur nous les plus grandes victoires , parce que nos désastres doivent produire aussi infailliblement votre ruine , que notre prospérité est nécessaire à la votre. Détruisez toutes les causes de votre indigence , et de celle de vos sujets. Chassez tous vos moines , comme vous avez chassés les jésuites ; emparez-vous de leurs biens, employez-les à acquitter vos dettes , à former tous les établissemens nécessaires à la prospérité de votre agriculture , votre commerce et votre industrie ; à l'instruction publique , faites

des routes, des canaux, des bâtimens
ruraux dans vos campagnes, multipliez
vos propriétaires fonciers. Enfin chassez
sous ceux qui vous conseillent la guerre,
rappellez d'Aranda qui seul peut opérer
votre salut, et vous assurer la paix dont
vous avez si grand besoin.

Chez les Directeurs de l'Imprimerie du Cercle
Social, rue du Théâtre-Français.